CATALOGUE

DE

TABLEAUX ANCIENS

Parmi lesquels on remarque des œuvres intéressantes de :

Brauwer, Breughel, Charpentier,
Cuyp, Heinsius, W. de Heusch, Van Huysum,
Lepicié, Leprince, Mallet, Mignard, Mostaert, Moucheron,
Oudry, Pillement, Roslin, Jan Steen, S. de Vlieger,
P. Wouwerman.

DONT LA VENTE AURA LIEU

HOTEL DROUOT, SALLE N° 11

Le Jeudi 7 Mai 1896

à 2 heures 1/2

COMMISSAIRE-PRISEUR	EXPERT
Me PAUL CHEVALLIER	**M. EUG. FÉRAL, peintre**
10, rue Grange-Batelière, 10	54, Faubourg-Montmartre, 54

EXPOSITION PUBLIQUE

Le Mercredi 6 Mai 1896, de 1 heure 1/2 à 5 heures 1/2

CONDITIONS DE LA VENTE

Elle sera faite au comptant.

Les acquéreurs paieront **cinq pour cent** en sus des adjudications.

Paris. — Imprimerie de l'Art, E. Moreau et Cie,
41, rue de la Victoire.

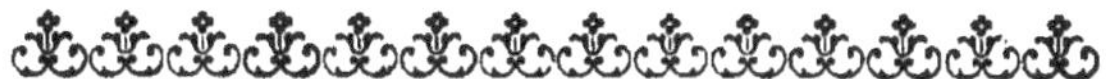

DÉSIGNATION

TABLEAUX

AELST

(VAN)

1 — *Perdrix et oiseaux morts sur une table de marbre.*

Toile. Haut., 66 cent.; larg., 30 cent.

ANTHONISSEN

(H.)

2 — *Animaux au repos, au bord d'une rivière.*

Des vaches et des moutons sont couchés au pied d'un monticule, sous la garde de deux bergers. A gauche, une rivière coupe le paysage se perdant à l'horizon.

Bois. Haut., 18 cent.; larg., 70 cent.

ANTHONISSEN

(H. W.)

3 — *Marine.*

Bateaux de pêcheurs sur une mer houleuse. Ciel gris, nuageux.

Bois. Haut., 38 cent.; larg., 54 cent.

BACKHUYSEN

(LUDOLF)

4 — *La Marchande de poissons.*

Vue à mi-corps, derrière son étal, elle tient une tranche de saumon.

Signé des initiales.

Bois. Haut., 28 cent.; larg., 25 cent.

BALEN

(J. VAN)

5 — *Nymphe et Amour.*

La nymphe est assise auprès d'une fontaine; un petit amour, agenouillé à ses pieds, s'occupe de sa toilette.

Bois. Haut., 45 cent.; larg., 60 cent.

BARBIERI

(Dit LE GUERCHIN)

6 — *Le Repos de la Sainte Famille.*

Toile. Haut., 49 cent.; larg., 60 cent.

BERCHEM

(KLAES)

7 — *Étude d'animaux.*

Deux vaches debout et un âne couché.

Bois. Haut., 20 cent.; larg., 28 cent.

(*Vente Troubetskoy*)

BILCOQ

8 — *La Visite à la nourrice.*

Une jeune femme, élégamment vêtue, tenant un petit garçon par la main, s'approche du berceau où repose son dernier né que la nourrice amuse d'un hochet.

Bois. Haut., 38 cent.; larg., 43 cent.

BILCOQ

9 — *Le Repas villageois.*

Une dizaine de paysans sont réunis dans une grande pièce à peine éclairée par une lucarne.

Bois. Haut., 30 cent.; larg., 42 cent

BLOEMEN

(PEETER VAN)

10 — *Chèvres et moutons.*

BOILLY

(Attribué à)

11 — *Portraits d'hommes.*

Deux petits tableaux en pendants.

Toile. Haut., 13 cent.; larg., 10 cent.

BOTH

(Genre de)

12 — *Paysage avec rochers.*

Bois ovale. Haut., 24 cent.; larg., 30 cent.

BRAUWER

(ADRIEN)

13 — *Le Bouffon.*

Jeune drôle faisant la grimace et tirant la langue. Le haut du visage caché sous un feutre bossué d'où s'échappent sa chevelure en broussaille, les épaules enveloppées d'un manteau rouge. Figure en buste.

Bois. Diam., 15 cent.

BREKELENKAMP

(QUIRINUS VAN)

14 — *Famille hollandaise.*

Trois personnes : le père écrivant sur une table, la mère occupée à un travail d'aiguille, la jeune fille debout.

Bois. Haut., 58 cent.; larg., 40 cent.

BREUGHEL (DE VELOURS)

15 — *Choc de cavalerie.*

Dans un paysage montueux et accidenté, des cavaliers s'attaquent avec furie ; sur le devant, un porte-drapeau s'échappe du combat, effrayé, abandonnant son cheval sur la route. D'autres cavaliers fuient dans toutes les directions.

Bois. Haut., 45 cent.; larg., 82 cent.

BREUGHEL ET OTTO-VENIUS

16 — *L'Amour maître du monde.*

Assis sur le char de Vénus, il tient une torche embrasée. A ses pieds, les Dieux de l'Olympe se rangent sous sa domination. Tout alentour, quadrupèdes, oiseaux, poissons sont frappés de ses traits.

Le paysage et les animaux sont dûs à la collaboration de Breughel de Velours et de Van Kessel ; les figures sont peintes par Otto-Venius.

Bois. Haut., 37 cent.; larg., 70 cent.

CHARPENTIER

17 — *Le Retour du soldat et la bouquetière villageoise.*

Deux compositions formant pendants. Signées et datées 1791.

Bois. Haut., 22 cent.; larg., 31 cent.

CHARPENTIER

18 — *Jeune Paysanne reprisant les bas d'un gentilhomme pendant qu'un petit garçon fouille dans ses poches.*

Fine et spirituelle composition signée.

Bois. Haut., 25 cent.; larg., 20 cent.

CERQUOZZI

(Dit MICHEL ANGE DES BATAILLES)

19 — *Fruits et oiseaux posés à terre, au pied d'un monticule.*

Toile. Haut., 1 m. 30 cent.; larg., 1 m. 80 cent.

COLONIA

20 — *Animaux à l'abreuvoir.*

Toile. Haut., 66 cent.; larg., 90 cent.

CROOS

(JAN VAN)

21 — *Campagne hollandaise.*

Plusieurs figures sur un chemin. A droite, un château émerge au-dessus des arbres. Signé et daté 1653.

Bois. Haut., 48 cent.; larg., 72 cent.

CROOS

(J. VAN)

22 — *L'Auberge.*

Des chariots sont arrêtés sur un chemin planté d'arbres, devant la porte d'une auberge.

Bois Haut , 39 cent.; larg., 54 cent.

*

CUYP

(BENJAMIN)

23 — *Paysage.*

Trois villageois sont arrêtés sur un tertre planté d'arbres; plus bas, quelques moutons au repos.

Bois. Haut., 37 cent.; larg., 57 cent.

CUYP

(Attribué à ALBERT)

24 — *Animaux au repos, dans un paysage.*

C'est une vallée entourée sur la droite de hautes montagnes. Devant, au pied d'un rocher, une paysanne est occupée à traire une vache ayant auprès d'elle quelques moutons. On aperçoit, vers le fond, d'autres animaux sous la garde de deux bergers.

Bon tableau, d'une coloration chaude et lumineuse.

Cadre en bois sculpté.

Bois. Haut., 60 cent.; larg., 83 cent.

DANLOUX

25 — *Portrait présumé de Mlle Gérard.*

Vêtue de blanc, un livre à la main, elle est assise devant un tableau posé sur un chevalet.

Toile. Haut., 39 cent.; larg., 29 cent.

DECKER

(C.)

26 — *Paysage avec ruines.*

Une porte d'enceinte occupe la droite de la composition.

Bois. Haut., 28 cent.; larg., 31 cent.

DE MACHY

27 — *Intérieur d'une fabrique de poterie.*

Signé en bas, à droite.

Bois. Haut., 38 cent.; larg., 29 cent.

DE TROY

28 — *L'Entrée de Jésus à Jérusalem.*

Esquisse.
Cadre en bois sculpté.

Toile. Haut., 45 cent.; larg., 85 cent.

FERG

(PAULE DE)

29 — *La Promenade dans le parc.*
Le Jeu de paume.

Deux paysages animés d'une multitude de figurines; ils forment pendants.

Bois. Haut., 19 cent.; larg., 25 cent.

FERGUSON

30 — *Oiseaux morts.*

Un pigeon et des petits oiseaux sont posés sur une console de marbre en partie cachée par une toile verte.

Ce tableau provient de la collection de Paul Mantz.

Toile. Haut., 58 cent.; larg., 45 cent.

FRAGONARD

(Genre de)

31 — *Architecture.*

Terrasses et escaliers en ruines, dominés par un temple circulaire. A droite, un mausolée se détache sur les fonds du paysage.

Toile. Haut., 34 cent.; larg., 40 cent.

GÉRARD

(Attribué à)

32 — *Portrait d'une jeune femme en buste.*

HEINSIUS

33 — *Portrait d'homme.*

Presque de face, cheveux grisonnants, habit noir, cravate blanche, il est vu à mi-corps.

Signé en haut : *Heinsius pinxit.*

Toile. Haut., 66 cent.; larg., 55 cent.

HEUSCH

(WILLEM DE)

34 — *Paysage rocheux et accidenté.*

Des villageois, montés dans une charrette attelée de bœufs et suivis de leurs bestiaux, longent un chemin contournant des rochers; sur la droite, au bord d'un cours d'eau, des arbres au feuillage léger se détachant sur le ciel; à gauche, des plantes grimpantes.

Des collines s'étendent au loin et se perdent à l'horizon.

Signé en toutes lettres.

Bois. Haut., 40 cent.; larg., 54 cent.

(*Collection Rothan.*)

HONDEKOETER

(Attribué à MELCHIOR)

35 — *Oiseaux de basse-cour.*

Un coq blanc, deux pigeons, une poule et ses poussins, auprès d'un socle de pierre surmonté d'un vase.

Toile. Haut., 1 m. 35 cent.; larg., 95 cent.

HUYSUM

(VAN)

36 — *Bouquet.*

Des roses, des pavots, des œillets et autres fleurs, dans un vase d'orfèvrerie, posé sur une console de pierre à côté d'une corbeille de raisins et de pêches.

Toile. Haut., 40 cent.; larg., 29 cent.

JEAURAT

(ÉTIENNE)

37 — *Portrait de jeune homme.*

En buste, habit bleu, cheveux blonds frisés, coiffé d'un tricorne.

Toile. Haut., 58 cent.; larg., 48 cent.

(*Vente May, n° 107.*)

J. H.

(Initiales) 1763

38 — *Les Vieillards.*

Deux figures de vieux, à mi-corps, tenant des in-folios.

Toile. Haut., 38 cent.; larg., 30 cent.

KEYSER?

(TH. DE)

39 — *Portrait d'homme.*

Personnage à cheveux et barbe châtains, vêtement noir et col blanc. En buste.

Bois. Haut., 66 cent.; larg., 49 cent.

LAANEN

(VAN DER)

40 — *La Partie de tric-trac.*

Six personnages, trois jeunes seigneurs et trois dames, revêtus d'élégants costumes du temps de Louis XIII.

Bois. Haut. 48 cent.; larg., 62 cent.

LA FOSSE

(Attribué à CHARLES DE)

41 — *Un Concert céleste.*

Dans un ciel, des anges assis sur des nuages, chantent ou jouent de divers instruments.

Toile. Haut., 80 cent.; larg., 1 m. 65 cent.

LÉPICIÉ

42 — *Portrait d'un magistrat.*

De face, à mi-corps, perruque poudrée, les deux mains croisées à la taille, tenant un feuillet.

Toile ovale. Haut., 80 cent.; larg., 64 cent.

(*Collection Lefèvre, d'Amiens.*)

LÉPICIÉ

(N. B.)

43 — *Portrait de Bernard le Bovier de Fontenelle.*

En buste, coiffé d'une toque noire, enveloppé d'une robe de chambre.

Toile. Haut., 54 cent.; larg., 44 cent.

(*Vente Lefèvre, d'Amiens.*)

LÉPICIÉ

(Attribué à)

44 — *Portrait de jeune garçon, en buste.*

Toile ovale. Haut., 45 cent.; larg., 36 cent.

LE PRINCE

(J. B.)

45 — *Les Bords de la Néva.*

Le fleuve s'étend au loin entouré de coteaux verdoyants.

Sur le devant, de nombreux personnages montés sur des bateaux se livrent au plaisir de la pêche. Au premier plan, plusieurs jeunes filles, élégamment vêtues, causent avec plusieurs personnages portant des costumes persans. A gauche, auprès d'une cabane russe, une paysanne conduit deux vaches et quatre villageois tournent un cabestan.

Très bon tableau ayant figuré au Salon de 1768. Il provient des collections du général Servatius, 1854 et Jules Burat, 1885.

Toile. Haut., 68 cent.; larg., 1 m. 40 cent.

LE SUEUR

46 — *La Nymphe.*

De profil, en buste, les regards élevés vers le ciel.

Toile ovale. Haut., 36 cent.; larg., 26 cent.

MALLET

47 — *Scène d'intérieur.*

Un jeune homme salue respectueusement une jeune femme vêtue de blanc accoudée sur un secrétaire où sont posés une mandoline et des partitions.

Bois. Haut., 23 cent.; larg., 29 cent.

MIGNARD

(PIERRE)

48 — *Portrait de femme.*

Elle est debout, vue jusqu'aux genoux. Les cheveux blonds bouclés, vêtue d'une robe rouge décolletée; elle tient un chien épagneul sur ses bras.

Gracieux portrait de forme ovale, dans un cadre sculpté.

Toile. Haut., 98 cent.; larg., 73 cent.

MIGNARD

(Attribué à)

49 — *Portrait présumé de Mme de Maintenon et des enfants de Mme de Montespan.*

Toile. Haut., 1 m. 40 cent.; larg., 1 m. 10 cent.

MOLENAER

(J. M.)

50 — *La Collation.*

Femme hollandaise, assise au coin d'une table et se versant à boire.

Bois. Haut., 20 cent.; larg., 18 cent.

MOMMERS

(Attribué à H.)

51 — *Animaux au repos auprès d'un pont, dans un site montagneux.*

MOSTAERF

(JAN)

52 — *Portrait d'homme.*

Vu jusqu'à la ceinture, coiffé d'un chapeau noir de forme carrée, vêtement noir et manches rouges.

La tête de trois quarts vers la gauche; le cou nu laisse voir une chemise finement plissée.

Très beau portrait, d'un beau caractère rappelant les belles œuvres de Holbein.

Bois. Haut., 66 cent.; larg., 48 cent.

MOUCHERON

(FRÉDÉRIC)

53 — *Paysage boisé.*

Sur la droite, des monticules surmontés d'un château avec tourelle; à gauche, de grands arbres se détachant sur un ciel blond semé de légers nuages.

Beau paysage, d'une parfaite conservation.

Signé à gauche.

Toile. Haut., 1 mètre; larg., 87 cent.

NAIVEU

(M.)

54 — *Portrait d'une dame de qualité.*

Représentée à mi-jambes, dans un parc, elle se présente de face en toilette de satin, portant sous son bras droit un petit chien blanc; sa main gauche s'appuie sur l'accoudoir d'un banc de pierre.

Signé : M. NAIVEV, *fecit 1677.*

Intéressant spécimen de l'artiste.

Bois. Haut., 43 cent.; larg., 34 cent.

NEER

VAN DER)

55 — *Paysage.*

Au premier plan, deux paysans fauchent de l'herbe auprès d'une mare.

A gauche, un grand arbre; au fond, une maison entourée de bois.

Signé à droite.

Bois ovale.

OSTADE

(A. VAN)

56 — *Le Fumeur.*

L'air goguenard, le chapeau sur l'oreille, assis devant une table, il est occupé à bourrer sa pipe. Figure à mi-corps.

Bois. Haut., 17 cent.; larg., 15 cent.

OUDRY

(JEAN-BAPTISTE)

57 — *Portrait d'homme.*

Il est debout, vu jusqu'aux genoux et tient une perdrix qu'il montre à un chien placé à ses côtés.

Très beau et intéressant portrait.

Signé.

Toile.

PATEL

58 — *Bergers auprès d'une fontaine.*

PILLEMENT

59 — *Site abrupt.*

Groupes de villageois et chariot dans une campagne entrecoupée de rochers.

Signé et daté 1789.

Haut., 45 cent.; larg., 66 cent.

PORBUS

(École des)

60 — *Portrait de jeune fille.*

A mi-jambes, debout, da s un riche costume noir avec parure de perles, collerette et manchettes de guipure.

Bois. Haut., 74 cent.; larg., 47 cent.

ROSLIN

61 — *Portrait de femme.*

Les cheveux poudrés, fichu de dentelles noué autour du cou.

Très bon portrait de forme ovale.

Toile. Haut., 52 cent.; larg., 40 cent.

SALVATOR ROSA

(École de)

62 — *Paysage avec ruines et figures.*

SAFT LEVEN

(CAMILLE)

63 — *Intérieur de ferme.*

Poteries, chaudrons et ustensiles de ménage groupés au premier plan.

Au fond de la pièce, deux personnages et deux chèvres.

Bois. Haut., 32 cent.; larg., 37 cent.

SAUVAGE

64 — *La Musique.*

Groupe allégorique d'enfants sur les nues.

Dessus de porte, en grisaille dans un encadrement de bois peint et doré.

Haut., 36 cent.; larg., 1 m. 28 cent.

SCHALCKEN

(G.)

65 — *Flore et Ariane.*

Deux tableaux en pendants; figures deminues à mi-jambes.

Bois. Haut., 54 cent.; larg., 40 cent.

STEEN

(JAN)

66 — *Le Vieillard amoureux.*

Couché dans un lit à rideaux, les pieds sous un chaud tapis de Smyrne, il a saisi en riant la jupe d'une femme, à demi déshabillée, qui est montée sur une chaise et semble se moquer de lui. A droite, un petit chien qui aboie.

Beau tableau du maître, signé : *J. Steen.*

Bois. Haut., 48 cent.; larg., 38 cent.

(*Collection de Beurnonville.*)

STOFFE

(Signé A. V.)

67 — *Combat de cavalerie.*

Bois. Haut., 33 cent.; larg., 46 cent.

SWANEVELT

(H.)

68 — *Paysage d'Italie.*

Des paysans dansent au bord d'un cours d'eau alimenté par une cascade qui traverse un pont, au pied d'un rocher à pic sur lequel se dresse un temple.

Toile. Haut., 42 cent.; larg., 70 cent.

SWEBACH

69 — *Épisodes de la campagne d'Égypte.*

Deux compositions en pendants, avec petits personnages, éléphants, dromadaires.

Signés du monogramme.

Toile. Haut., 23 cent.; larg., 30 cent.

TINTORET

(Attribué à)

70 — *Portrait d'un ecclésiastique.*

A mi-corps, grandeur nature.

VELDE

(W. VAN DEN)

71 — *Mer calme.*

Plusieurs navires de haut-bord sont à l'ancre, non loin du rivage où deux pêcheurs font sécher leur filet.

Peinture en grisaille.

Cadre en chêne sculpté.

Toile. Haut., 35 cent.; larg., 29 cent.

VICTOORS

72 — *Les Apprêts du repas.*

Un paysan et une paysanne sont assis auprès d'un tonneau, occupés à éplucher des légumes. A droite une servante puise de l'eau.

Bois. Haut., 48 cent.; larg., 39 cent.

(*Vente Lefèvre, d'Amiens.*)

VIEN

(Attribué à)

73 — *Portrait d'homme.*

En buste, cheveux gris, habit bleu, gilet et cravate blancs.

Toile. Haut., 52 cent.; larg., 40 cent.

VLIEGER

(SIMON DE)

74 — *Mer houleuse.*

Quelques embarcations voguent sur les flots agités par les approches de la tempête.

Signé du monogramme.

Bois. Haut., 39 cent.; larg., 57 cent.

VOUET

(Attribué à SIMON)

75 — *Portrait allégorique de Louis XIV enfant.*

Assis dans les bras de Minerve, il tient une couronne royale et une épée.
Cadre sculpté.

Toile. Haut., 1 m. 20 cent.; larg., 95 cent.

WERFF

(Attribué à VAN DER)

76 — *Bethsabée.*

Toile. Haut., 34 cent.; larg., 26 cent.

WOUVERMAN

(PIERRE)

77 — *Les Dunes de Scheveningen.*

Des chasseurs, sur leurs chevaux, se livrent à la chasse au faucon.
Bon tableau, signé du monogramme.

Bois. Haut., 35 cent.; larg., 47 cent.

WOUWERMANS

(Genre de PH.)

78 — *Le Déchargement du bateau.*

ZÉMAN

79 — *Marine.*

Avec bateaux à voiles et navires de guerre.
Bois.

ÉCOLE FLAMANDE

(XVIIe siècle)

80 — *Deux volets.*

Ils sont peints sur les deux faces; d'un côté, sont représentés de saints personnages et de l'autre des donateurs.

Bois. Haut., 55 cent.; larg., 27 cent.

ÉCOLE FRANÇAISE

(XVIIe siècle)

81 — *Portrait équestre du roi Henri IV.*

Monté sur un cheval blanc qui foule à ses pieds des armes de guerre, il porte une cuirasse et tient le bâton du commandement.
Peint sur vélin et collé sur bois.

ÉCOLE FRANÇAISE

82 — *Portrait de Louis XIV, en armure.*

ÉCOLE FRANÇAISE

83 — *Portrait d'un prélat tenant un bréviaire.*

Daté 1738.

ÉCOLE FRANÇAISE

(D'après BOUCHER)

84 — *Paysage avec personnages et moulin.*

Toile collée sur bois. Haut., 34 cent.; larg., 42 cent.

ÉCOLE ITALIENNE

85 — *La Vierge et l'Enfant Jésus.*

La Vierge représentée en buste, la tête recouverte d'une draperie jaunâtre, soutient l'Enfant Jésus qui s'appuie sur sa poitrine.

Toile. Haut., 57 cent.; larg., 42 cent.

AQUARELLE, PASTEL

VERNET

(CARLE)

86 — *Les Barberi.*

Aquarelle, signée à gauche : *Carle Vernet, Rome, 1820.*

Haut., 17 cent.; larg., 23 cent.

ÉCOLE FRANÇAISE

87 — *Portrait de femme.*

En buste, de trois quarts, poudrée, costume Louis XV, agrémenté de rubans et de dentelles.

Pastel.

Haut., 54 cent.; larg., 44 cent.

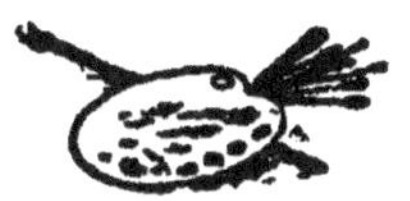

www.ingramcontent.com/pod-product-compliance
Lightning Source LLC
LaVergne TN
LVHW020313230826
846091LV00006B/2652

* 9 7 8 2 3 2 9 5 4 9 0 6 4 *